La prière intérieure

La Parole éternelle,
le Dieu unique et universel,
l'Esprit libre,
parle à travers Gabriele,
comme à travers
tous les prophètes de Dieu –
Abraham, Job, Moïse, Elie, Isaïe,
Jésus de Nazareth,
le Christ de Dieu

La prière intérieure

La prière du cœur

La prière de l'âme

La prière éthérique

La prière de guérison

Gabriele

Editions Gabriele
La Parole

L'Esprit libre universel
L'enseignement de l'amour de Dieu et du prochain,
envers l'homme, la nature et les animaux

2ème édition en français : mars 2018

Titre original en allemand :
Inneres Beten

Pour toute question se rapportant au sens,
l'édition allemande fait référence.
Traduction de l'allemand autorisée par
© Gabriele-Verlag Das Wort GmbH

N° de comm. S307fr
ISBN 978-3-96446-570-2

Ceux qui parviennent
à la prière véritable
atteignent le fond de leur cœur, Dieu.
Là, au cœur de toute existence,
ils s'unissent à tous les hommes,
à tous les êtres.
Unis à Dieu et à toute existence,
ils se rendent dans le monde
pour apporter le message de l'amour
à tous les chercheurs de vérité,
afin que tous trouvent la vérité qui est
au plus profond de leur cœur, DIEU.

Puissent tous les hommes,
tous les êtres,
se rapprocher consciemment
de cette unité, de la vie universelle.

Prie en toi

et

« embrase » chaque mot

en te concentrant et

en t'orientant entièrement

sur la lumière intérieure,

Dieu

Table des matières

Comment parvenir
à la prière véritable ?

De plus en plus de personnes, surtout parmi les plus jeunes, sont en recherche et se posent des questions sur le sens de la vie. Elles sont à la recherche d'une vie qui a du sens et ne la trouvent que difficilement. Beaucoup sont las de leur mode de vie basé sur la richesse extérieure, un mode de vie qui ne les satisfait plus. Ils souffrent de cette abondance matérielle, de la pression générée par le besoin de paraître et de posséder. Face à une évolution du monde prenant parfois une tournure menaçante, où de plus en plus de situations s'aggravent de façon alarmante, ils ressentent toujours plus la menace qui pèse sur l'ensemble de nos conditions de vie.

Ainsi, beaucoup de nos frères et sœurs sont à la recherche de la vérité. Leur inquiétude intérieure, leur recherche, cette aspiration, est profondément enracinée en eux. En effet, l'âme qui n'est pas de ce monde pressent sa patrie spirituelle et éternelle où se trouvent bien-être, protection et sécurité ; elle ressent qu'elle est intérieurement reliée à des êtres célestes parmi lesquels règnent le bonheur, la satisfaction, l'harmonie et l'amour. Sans que l'homme en soit conscient, l'âme en recherche aspire également à l'unité duale, à son partenaire dual qui vit éventuellement loin de cette Terre, dans les régions lumineuses de la patrie éternelle. L'âme et l'homme sont continuellement en voyage. Le voyageur aspire toujours à de nouvelles destinations prometteuses de bonheur. Lorsqu'il les atteint, le repos est pourtant de courte durée ; le bonheur et la satisfaction ne durent pas longtemps.

Nulle part, l'âme et l'homme ne trouvent un sentiment profond de sécurité, nulle part un foyer durable.

L'âme éveillée ressent qu'elle n'est que de passage sur la Terre. Elle ressent et pressent qu'il existe quelque chose d'autre de plus élevé. Ce pressentiment et cette nostalgie profonde de l'âme éveillent à la spiritualité son enveloppe physique. L'être humain se met alors à la recherche de ce qui est plus élevé, plus noble et plus parfait. L'aspiration de l'âme qui souhaite retourner à son origine se transmet à l'être humain dans lequel elle est incarnée ; elle lui communique ce désir profond qui monte alors en lui comme la sève vivifiante monte dans l'arbre à l'approche du printemps.

L'âme éveillée entend déjà l'Esprit qui l'appelle. Avec beaucoup de douceur et d'amour, Il l'encourage, telle une mère oiseau incitant son petit à quitter le nid pour lui apprendre à voler : « Viens, viens et déploie tes ailes ! Elance-toi dans l'élément qui est ta Vie. Fais l'expérience de la liberté et de l'immensité où tu es chez toi ! » C'est également de cette manière que l'Esprit appelle et encourage l'âme éveillée à s'élever, à cheminer vers l'intérieur jusqu'à la vie éternelle qui lui est propre.

Certes, l'être humain ressent la nostalgie profonde de son âme. L'appel de l'Esprit : « Viens, suis-Moi ! » se fait toujours plus entendre dans sa conscience. Cependant, la lumière intérieure ne parvient pas encore à percer complètement le voile brumeux des aspects humains liés à l'ici-bas ; la mélodie originelle de la Vie n'arrive pas encore à s'imposer face au vacarme des aspects de ce monde ; l'intellect recouvre encore la sensation spirituelle, la voix douce de la vérité éternelle.

Certains essaient de trouver ici et là ce que leur cœur cherche si désespérément. Il doivent alors se rendre à l'évidence qu'ils ne peuvent le trouver dans le monde extérieur. Mais dans la fébrilité, l'agitation et la frénésie de notre époque où tout va très vite, quelle place reste-t-il pour une vie spirituelle ?

Les biens, la considération et les jouissances, telles sont les valeurs de la société d'abondance. Elles conditionnent la pensée et les actes de l'homme d'aujourd'hui. Etant donné qu'une telle orientation est contraire au développement spirituel, beaucoup de personnes pensent que ceux qui vivent dans le monde ne peuvent mener une vie spirituelle.

De par notre profession et nos liens sociaux, nous sommes tous liés à la vie de ce monde. Plus que jamais, cette vie extérieure nous accapare et nous charge, et beaucoup n'arrivent pas à s'en détacher. Les nouvelles technologies offrent sans cesse de nouvelles et multiples possibilités : excitations sensorielles, bruits, fascinations et dispersions de toutes sortes, qui dépassent souvent les capacités d'assimilation propres à chacun. Beaucoup de personnes ont ainsi l'impression que le calme et le recueillement intérieur auxquels l'âme aspire sont une utopie dans notre monde agité. Cependant, seuls ont cette impression ceux qui pensent que pour pouvoir trouver le calme intérieur il faut se retirer de l'agitation extérieure, de la société et de la vie professionnelle. Il est vrai que l'agitation de ce monde fascine et captive bien des personnes qui en deviennent littéralement prisonnières.

Certes, celui qui est orienté vers le monde est prisonnier de l'objet de ses aspirations ; c'est le cas aujourd'hui comme il en a été à toutes les époques. Cependant, aujourd'hui, tout comme hier, il est possible à chacun de se renouveler de l'intérieur en se tournant vers les forces qui sommeillent en lui.

Pour trouver le calme en soi, il n'est pas nécessaire de se retirer de la vie quotidienne, de sa vie professionnelle, de la société. Nous devons seulement comprendre que ce qui est décisif, c'est de vivre *dans* ce monde sans être *avec* ce monde.

Ce qui est déterminant, ce sont les forces que nous laissons nous influencer. A quelles forces laissons-nous le pouvoir de nous dominer et de prendre les commandes de notre vie ? Si nous nous orientons vers le monde, vers ce qui est matériel, nous serons influencés par le monde, par tout ce qui est extérieur. Nous sommes alors des enfants du monde et contribuons à tout ce qui est propre au monde extérieur. Bien que la réalité spirituelle soit également présente, elle ne peut pas alors nous aider efficacement, nous animer et nous guider, car nous ne nous sommes pas tournés vers elle pour nous connecter consciemment à elle, nous ne lui avons pas tendu la main.

En revanche, si nous nous tournons vers le spirituel, alors le monde extérieur et toutes ses manifestations perdent de leur influence sur nous. Bien qu'il soit toujours là, le monde ne pourra plus nous dominer parce que nous aurons tendu la main au divin en nous. C'est ce dernier qui maintenant nous abreuve consciemment, nous accompagne et nous dirige. A présent, il nous est donné de reposer en Lui.

Si nous avons pris pied dans la vie spirituelle qui est en nous, nous nous tenons alors sur le sol de l'existence éternelle où nous sommes en sécurité. Nos racines y sont bien ancrées et, confiants dans les forces qu'il rayonne vers nous, nous pouvons alors grandir pour agir aussi dans le monde extérieur, tant en paroles qu'en actes. Les tourmentes du monde temporel peuvent certes nous bousculer, mais elles ne peuvent finalement rien nous faire, car à partir du plus profond de l'existence éternelle, nous recevons la force et la capacité de résister. Ainsi, il nous est donné de reposer dans la vie spirituelle qui est en nous, tout en accomplissant les tâches de notre vie dans ce monde.

L'ignorance spirituelle croissante a conduit nombre de personnes à penser que les domaines matériel et spirituel sont très éloignés l'un de l'autre. En réalité, les domaines de matière grossière, donc matériels, ici sur Terre, sont étroitement liés aux domaines spirituels de matière subtile. Il s'agit de plans vibratoires différents qui coexistent et se mélangent les uns aux autres. Malgré la nature différente de leur fréquence, la présence de l'une de ces réalités n'exclut pas l'autre, tout comme la lumière et le son peuvent coexister en un même espace.

C'est pourquoi nous pouvons très bien vivre *dans* ce monde, sans pourtant être *avec* ce monde. Il nous suffit pour cela de nous décider à donner la priorité à la réalité intérieure de toute existence, au divin. Celui qui n'est pas *avec* ce monde mais ne fait que vivre *dans* ce monde, placera ce qui est élevé et noble au-dessus de ce qui est bas, au-dessus du matérialisme et trouvera ainsi le calme intérieur. Par contre, la paix intérieure n'emplira pas le cœur de celui qui vit dans ce monde et s'oriente vers lui, et qui est donc *avec* lui, car ce monde ne connaît pas la paix qui s'écoule de la source profonde de la force divine.

Créer une relation avec le plan d'existence spirituel à partir du plan matériel est possible en se tournant vers le divin. Si nous nous tournons vers les forces de la vie éternelle, un courant ininterrompu de force afflue, car Dieu, notre Père, ne bloque jamais l'accès à Sa source d'où jaillit la force primordiale.

La prière, c'est se tourner vers Dieu. Celui qui prie se raccorde au circuit de la Vie. Celui qui, tous les jours, prie correctement, c'est-à-dire de tout son cœur, gardera la paix intérieure, même dans le plus grand des tumultes.

Dans ce monde, beaucoup de connaissances spirituelles existent, mais peu les mettent en pratique et encore moins ont le cœur et l'âme comblés.

Celui qui dispose de ces connaissances comprend qu'à notre époque les forces primordiales de la Vie rayonnent de façon accrue dans l'âme des êtres humains pour les éveiller à la spiritualité. C'est ainsi que certaines personnes prennent peu à peu conscience que les valeurs extérieures sont dépourvues de force et instables. Beaucoup ne se satisfont plus de posséder et de paraître. Le pain extérieur, matériel, ne leur suffit plus. Ils se rendent compte que les valeurs extérieures ne font que disperser et ne donnent aucun sens à la vie, qu'elles s'avèrent bien souvent creuses, fades et éphémères, qu'elles appauvrissent le cœur et n'apportent ni le silence ni la paix.

Où l'âme et l'homme peuvent-ils trouver le pain de la Vie ? Où que nous le cherchions, auprès de nos amis, à tel ou tel endroit, dans des cérémonies extérieures ou des rassemblements, nous ne le trouverons pas – il est au plus profond de nous-mêmes. De nombreuses personnes sont talonnées par leur âme éveillée, mais elles cherchent toujours là où elles ne peuvent pas trouver et elles s'étourdissent dans ce monde. Elles ne parviennent pas à percevoir le pain de la Vie, pourtant si proche d'elles ! Et si elles en entendent parler, très souvent cela ne les avance à rien parce que l'intellect, l'entendement orienté vers la réalité matérielle, le rejette et le refuse encore.

Cependant, les forces des sphères cosmiques de haute vibration n'ont de cesse d'éveiller et de stimuler les consciences. Partout sur la planète, on reconnaît leur action qui se manifeste sous des formes variées, car l'Esprit de Dieu, tout spécialement à notre époque, agit de multiples manières pour permettre à beaucoup de personnes de prendre conscience de leur origine spirituelle, ce qui leur ouvre la voie menant à la vie universelle. Au cours de sa vie, chacun de nous est guidé de telle manière qu'à plusieurs reprises il a l'opportunité de prendre conscience de ce qui est primordial : notre appartenance à l'existence spirituelle et éternelle ainsi que la nécessité de chercher et de redévelopper cette origine en nous-mêmes.

Le jour où une personne reconnaît qui elle est en réalité – le jour où elle se trouve elle-même – est d'une importance capitale pour sa vie, une vie qui ne se termine pas avec la fin de ce séjour sur Terre. C'est le jour où elle commence à se tourner consciemment vers la vie spirituelle et éternelle. Elle prend conscience que ce n'est qu'en elle-même, au plus profond d'elle, que se trouvent le calme, la satisfaction et les forces d'une plénitude infinie qu'elle peut faire émerger grâce à l'amour universel divin.

Notre Père, l'Esprit éternel, a déposé en chaque âme toute la force et la plénitude qu'Il a engendrées et continue d'engendrer inlassablement, Lui qui est la Vie. Cette profusion de force spirituelle sommeille plus ou moins en nous. Elle aspire à ce que nous l'éveillions.

Mais si nous voulons acquérir la paix intérieure et le calme profond, nous devons tout
d'abord prendre conscience de notre origine
spirituelle, car chaque être humain est un enfant du Très-Haut et est destiné à redevenir
un jour cet être pur, un fils ou une fille de la
vie primordiale et éternelle, conscient de Sa
filiation.

La prière véritable nous ramène à notre origine, à la maison, dans le royaume de la lumière éternelle où nous attendent le bonheur,
la paix, l'harmonie et la félicité. Prier, c'est
construire un pont menant à la réalité de l'Esprit, à la Vie qui nous rend libres.

Ainsi, la prière renferme une force immense,
car elle nous relie à la source de force de la
Vie, à la toute-puissance de l'infini, Dieu,
notre Père.

Dieu est amour. Dans la prière, nous sommes
touchés plus intensément par le courant éter-

nel de la force de l'amour divin qui est en mesure de nous élever jusqu'à la conscience aimante de la vie spirituelle, le cœur de notre Père éternel.

Cependant, prier correctement demande un apprentissage.

Ce ne sont pas les prières des lèvres qui nous conduisent à la terre promise de la vie intérieure. Des mots prononcés superficiellement, sans sentiments, n'ouvrent pas les écluses intérieures qui permettent au flot de l'amour éternel de s'écouler. L'important, ce ne sont pas les termes employés, la longueur de la prière ou d'autres caractéristiques extérieures. Le mot, la lettre et le son ne suffisent pas à donner de la force à nos prières.

La vraie prière prend forme à partir de l'intérieur. Elle s'écoule de l'âme et du cœur. Dans la prière véritable, l'enfant s'adresse à son Père au plus profond de lui-même, c'est-à-dire qu'il se tourne vers Dieu en lui et il Lui parle jusqu'à ce que s'ouvrent les écluses à travers lesquelles s'écoulera la prière de l'âme et du cœur.

Comment parvenir à cette prière véritable, à la conscience divine qui frappe sans cesse à la porte de notre cœur et qui voudrait nous révéler la plénitude intérieure, notre origine véritable ? Comment parvenir à la réalité éternelle, à la Vie qui rend libre ?

Qui cherche trouve. Cependant, nous ne pouvons pas trouver la réalité divine, la paix véritable et le silence, si ardemment désirés, en dehors de notre conscience, dans ce monde.

Pour trouver cette paix tant désirée, ce sentiment de bien-être et de protection ainsi que la force intérieure, nous devons d'abord nous trouver nous-mêmes. Il nous faut croire – c'est-à-dire accepter comme une réalité – que nous ne sommes pas des êtres de ce monde mais des êtres en chemin vers les cieux, vers le royaume de la paix, et renforcer cette conscience en nous.

Jésus de Nazareth a dit : « Le royaume de Dieu est en vous. » Pour trouver la paix, l'amour, nous devons donc aller au plus profond de nous-mêmes, car seul le royaume intérieur, notre patrie éternelle, notre pays d'origine, peut nous redonner cette paix et ce silence. Se trouver soi-même signifie apprendre à se connaître soi-même !

Aussi simple que cette dernière phrase puisse paraître, elle devient exigeante pour celui qui commence à la réaliser. En effet, presque chacun observe le monde environnant et ses semblables à travers les lunettes de son moi humain. Il regarde, examine, apprécie et juge entièrement selon les critères de sa propre nature. C'est ainsi qu'il y a beaucoup de choses et de personnes qui nous déplaisent et nous y pensons et en parlons en conséquence.

Nous trouver nous-mêmes signifie ne plus avoir de pensées négatives sur notre prochain, nous abstenir de parler de lui, de sa manière de s'habiller, de ses défauts, de l'importance de ses biens, de ce qu'il fait et dit. Nous ferions mieux de nous examiner nous-mêmes pour reconnaître nos propres fautes et faiblesses, car ce que nous critiquons chez notre prochain se trouve encore en nous.

Le fait qu'il existe en nous des aspects semblables, une correspondance avec ce qui nous déplaît chez l'autre, est une vérité fondamentale sur le chemin de la connaissance de soi.

Dans un premier temps, il ne nous est pas facile d'accepter cette réalité. Pourtant il en est bien ainsi, et cela se confirme en maintes occasions : ce que nous émettons vers l'extérieur, c'est aussi ce qui nous saute aux yeux autour de nous. C'est ainsi que chacun a son propre monde, un monde qui correspond à sa nature. Et à partir de ce qui revient vers lui, il peut reconnaître facilement et immanquablement ce qu'il a émis auparavant.

Si nous n'émettions que de l'amour, si donc, nous étions inondés par l'amour divin, nous n'exprimerions que de l'amour. Mais si nous avons des pensées sur notre prochain, sur ce qui nous déplaît chez lui, sur ce qu'il pense et fait, sur sa manière de s'habiller, nous pouvons alors en conclure que des aspects analogues existent en nous-mêmes. En effet, si nous étions inondés par l'amour divin, nous ne répandrions que désintéressement et amour. Par contre, si de la jalousie, de la haine, de l'égocentrisme subsistent encore en nous-mêmes, c'est aussi ce que nous répandrons.

La plupart du temps, nous projetons ces aspects sur notre prochain et nous croyons que c'est notre voisin, notre collègue de travail, notre prochain qui présente tel ou tel défaut.

En réalité, nous sommes nous-mêmes ce que nous imputons à notre prochain. C'est pourquoi, nous ferions mieux de nous examiner pour reconnaître nos propres fautes et faiblesses et nous rapprocher de notre existence éternelle qui est en réalité notre vie véritable au plus profond de nous.

Je me permets de le répéter, la loi de correspondance dit : Tant que quelque chose nous déplaît chez notre prochain, c'est que cet aspect nous caractérise encore, qu'il est encore en nous-mêmes.

Ce n'est que par une vie disciplinée, en nous alignant d'une manière conséquente sur les commandements divins et donc sur Dieu, l'Esprit au plus profond de nous-mêmes, que notre âme ainsi que chaque cellule de notre corps obtiennent paix et harmonie, l'ancrage dans la conscience de Dieu.

Si, par la prière véritable et la méditation, il nous est possible de nous tourner toujours plus vers l'intérieur, vers le royaume de la paix en nous, vers notre pays d'origine, nous serons alors animés et conduits par la force éternelle en nous et nous serons nourris et abreuvés par la source de Vie de la paix divine.

Si ensuite nous puisons de plus en plus confiance dans l'origine et le fondement de notre existence, Dieu, nous nous libèrerons alors de nos limitations humaines dues aux pensées, sentiments et vouloirs intellectuels. Ainsi, nous devenons paisibles, harmonieux et heureux de l'intérieur.

Pour accéder à l'origine de la Source, nous devons lutter avec nous-mêmes et nous défaire de ce qui nous empêche de parvenir là où se trouvent la paix et l'harmonie, là où tout notre être est inondé d'un sentiment de bonheur et de sécurité intérieure.

Si nous voulons trouver la paix, il nous faut alors éviter de nous plonger dans l'agitation et l'affairement de ce monde et, aussi souvent que possible, nous soustraire à son vacarme. S'il nous est possible d'aménager une pièce tranquille où nous ne ferons que prier et méditer, où nous dialoguerons avec le divin, cet endroit deviendra alors un « temple » de l'harmonie divine. De même, une promenade dans le calme et le silence d'une forêt nous offre un sentiment de paix qui nous rend heureux et nous permet de plonger plus profondément encore dans le royaume de la paix éternelle. La nature dispense énormément de force et d'amour à celui qui s'y promène consciemment, car elle sert ceux qui aspirent à Dieu, à Son silence et à Sa paix ; elle lui offre beaucoup de force. Si nous ne percevons la nature qu'avec nos sens physiques, elle ne nous dévoile que son aspect extérieur ; les herbes, les fleurs, les arbustes semblent garder le silence. Seul le gazouillis des oiseaux nous indique qu'il y a de la vie sur les arbres. Mais en réalité, chaque brin d'herbe, chaque feuille, chaque petite branche d'arbre chante le chant de la force intérieure. Si nous nous asseyons sur un banc ou une pierre, loin de l'agitation du monde et que nous laissons agir sur nous le silence de la forêt, le silence qui nous entoure, nous communiquerons alors avec les forces harmonieuses et harmonisantes de la nature. Celui qui fait souvent cet exercice découvrira que la prière véritable est synonyme de silence. Lorsque toutes les pensées négatives se taisent, que nos sentiments s'élèvent vers la source primordiale de la Vie, alors la prière véritable s'accomplit. Ce n'est plus une pensée, mais le sentiment de la force universelle qui est en nous, autour de nous et en toute existence.

Trouver le repos en Dieu signifie Le rencontrer en étant silencieux, Le rencontrer en nous et en tout ce qui existe.

Dieu est silence.

On dit que Jésus se retirait dans le calme de la nature pour parler à Son Père. C'est aussi ce qu'Il recommandait à Ses amis et finalement à nous tous. Il nous conseille de rechercher un lieu tranquille pour y dialoguer avec le Tout-Puissant. Le dialogue véritable avec Dieu est une prière profonde, consciente, silencieuse et désintéressée.

Il ne tient qu'à nous de suivre Ses instructions et de prier en nous retirant dans une pièce tranquille ou tout autre endroit où nous ne serons pas dérangés, là où se taisent les bruits du monde, la vibration dure et grossière du vacarme de la vie terrestre.

Cependant, ne nous laissons pas tromper par les pratiques monacales qui amènent beaucoup de personnes à croire qu'il serait nécessaire de se réfugier dans une cellule de monastère pour trouver le silence intérieur. Nous ne ferions là que nous fuir nous-mêmes. Et ce n'est pas cette fuite qui nous conduit à Dieu, mais le retour à nous-mêmes, dans la petite cellule de notre cœur.

Pour parvenir à ce silence extérieur et intérieur, nous devons tout d'abord apprendre à trouver le silence véritable, afin de parvenir à un rythme corporel calme et harmonieux. Le vrai silence ne signifie pas seulement se taire, ne pas exprimer ses pensées mais les garder et les ressasser. Un tel silence ne serait qu'extérieur et ne nous conduirait pas au silence intérieur.

Le vrai silence demande de se défaire des pensées relatives aux choses extérieures et à des personnes, que ces pensées tournent autour de biens matériels, de questions d'argent ou encore de situations professionnelles avec notre supérieur hiérarchique ou des collègues que nous trouvons antipathiques. Le vrai silence, c'est se vider de toute futilité, de tout ce qui nous préoccupe régulièrement et qui constitue finalement notre moi inférieur, notre nature basse.

Si nous apprenons à observer et à contrôler nos pensées et nos paroles, et ainsi à distinguer l'essentiel de ce qui ne l'est pas, nous pourrons alors parvenir au silence véritable, au vide mental nécessaire pour que l'Esprit puisse nous emplir de Ses forces, de Son amour et de Sa sagesse.

Comment parvenir à la prière véritable, à ce que nos pensées demeurent toujours en

Dieu ? Comment accéder au silence où Dieu, le silence même, s'exprime ?

Rassemblons régulièrement nos pensées et remettons-les ensuite à Dieu, afin de devenir silencieux. Ce faisant, en rassemblant nos pensées et en remettant à Dieu notre nature humaine, nous nous exerçons à la concentration véritable.

Pour parvenir à la prière véritable, profonde, il n'est pas nécessaire de recourir aux nombreux rites et cérémonies encore très souvent en usage, tel que joindre les mains ou s'agenouiller. Il n'est pas non plus nécessaire de se rendre dans des lieux spéciaux, comme par exemple des églises, ou encore d'apprendre par cœur des textes de prières, de les répéter ou de les lire. Nous devons devenir prière ; la prière devrait se faire d'elle-même en nous. Les mots creux ne peuvent pas atteindre Dieu.

Ce qui donne sa valeur à la prière, ce ne sont pas les mots du langage humain ni de belles phrases bien formulées et réfléchies, mais les sensations, les vibrations de notre âme et de notre cœur. Des mots simples ou même maladroits expriment souvent plus qu'une prière intellectuelle aux phrases bien tournées. Dieu perçoit uniquement la nostalgie de notre cœur, ce qui résonne au plus profond de notre âme.

Il n'est pas non plus nécessaire de respecter des heures particulières, car Dieu est omniprésent, toujours et partout. A chaque instant, Il est prêt à écouter ce que Ses enfants expriment à partir de leur âme et de leur cœur. Lui, le Tout-Puissant, perçoit les impulsions de notre cœur, nous bénit et nous fortifie en fonction de l'intensité avec laquelle nous nous tournons vers Lui.

La prière véritable, c'est être constamment proche de Dieu à travers nos sensations et nos pensées. Il s'agit de la prière qui émane du plus profond de notre être, une prière qui n'est pas prononcée mais uniquement ressentie – nous ressentons Dieu en nous, autour de nous et en toute existence.

Si nous voulons apprendre à prier correctement, au début, avant de pouvoir parvenir au silence, il faudra encore nous y exercer bien des fois. Dans les premiers temps de l'apprentissage de la prière, il serait donc important de se retirer dans un lieu où nous ne risquons pas d'être dérangés, de préférence le matin avant le petit déjeuner. Par de légers exercices corporels, des exercices d'assouplissement, qui peuvent être accompagnés et stimulés par une musique harmonieuse, nous préparons aussi bien notre enveloppe extérieure, notre corps, que notre intérieur, l'âme. Ensuite, nous essayons de nous concentrer dans ce lieu calme et tranquille.

La posture suivante nous aidera au mieux à être détendus et à nous recueillir :
Nous nous asseyons sur une chaise au dossier droit. Le haut du corps repose bien droit sur le coccyx. Les pieds sont posés sur le sol. Les yeux sont fermés. Les mains reposent l'une dans l'autre.
La main droite repose dans la main gauche, les paumes des deux mains sont tournées vers le corps. Nous créons ainsi un champ spirituel qui nous enveloppe et dans lequel le circuit spirituel est fermé : le bout des doigts et la paume des mains ne rayonnent pas vers l'extérieur, au contraire l'énergie retourne au centre de conscience qui se trouve dans le bassin. Tout en gardant cette posture assise, nous

demeurons un certain temps dans le silence et remettons à l'Esprit éternel les pensées qui reviennent sans arrêt.

Pour nous libérer de ce flot de pensées qui semble sans cesse nous submerger, nous pouvons utiliser ce qu'on appelle un « soutien de conscience », une phrase de vibration élevée qui nous permet de devenir plus calmes afin de pouvoir entrer plus profondément en nous-mêmes. Nous disons par exemple : « Christ, Tu es en moi ! Christ, deviens ma vie ! » ou : « L'harmonie et la paix s'installent en moi ! Je suis harmonieux et paisible. »

Dans un premier temps, c'est très consciemment que nous prendrons la posture de prière décrite auparavant, jusqu'à ce qu'elle devienne pour nous naturelle et harmonieuse.

En priant, nous essayons de nous tourner vers l'intérieur, d'entrer au plus profond de nous-mêmes. Nous ouvrons ainsi les vannes de la prière véritable, la prière intérieure. A présent, nous laissons nos prières de demande ou de remerciement affluer vers l'intérieur, vers notre conscience spirituelle. Nous faisons entrer en nous nos pensées de prière. Cette prière est encore partiellement dirigée par notre entendement et s'écoule, comme indiqué auparavant, de l'extérieur, c'est-à-dire de notre être humain, de nos cellules cérébrales, vers notre conscience intérieure. Ce faisant, nos pensées de prière touchent le conscient et le subconscient. Elles emportent avec elles beaucoup de choses jusqu'à l'Esprit divin, dans le royaume intérieur où nous présentons ce qui nous tient à cœur. La force éternelle qui agit au plus profond de notre âme transforme alors de nombreuses choses que nous déposons consciemment ou inconsciemment sur l'autel de l'amour divin.

Lorsque nous commençons à prier d'une manière correcte, nous avons encore besoin d'un soutien ; une aide consiste à se représenter un lieu vers lequel nous dirigeons et émettons nos prières. Ainsi, dans notre poitrine, près du quatrième centre de conscience, nous nous imaginons un autel, l'autel de Dieu. Là, sur cet autel intérieur de l'amour et de la miséricorde, nous déposons nos prières, nos requêtes et nos remerciements, les courants du conscient et du subconscient.

Nous pouvons aussi nous imaginer que la flamme sacrée de Dieu, la flamme du salut de la Vie, monte en nous depuis la sphère de conscience de l'ordre, qui se trouve dans le bassin, et touche nos pensées de prière, les transforme en énergies saintes et positives et les dirige là où elles peuvent entrer et agir.

La plupart du temps, nos prières qui viennent encore de l'entendement, et que nous émettons vers l'intérieur, gravitent uniquement autour de nos propres souhaits et besoins.

Ce n'est que lorsque notre prière devient plus profonde que nous prenons conscience que toute la plénitude de l'infini se trouve en nous et voudrait aussi agir en nous. Lorsqu'ensuite nous prenons conscience que nous possédons nous-mêmes tout ce que nous pouvons acquérir par la prière correcte et par une vie conforme à la volonté divine, nos prières ne sont alors plus des demandes mais uniquement des remerciements.

Jésus a dit : « Demandez et il vous sera donné. » A ces paroles, nous reconnaissons qu'Il parlait à des personnes se trouvant sur le niveau de l'ordre, qui portaient certes la plénitude de la Vie en elles, mais ne l'avaient pas encore fait s'épanouir.

Prier l'Esprit de Dieu, l'Esprit intérieur au plus profond de nous, conduit au fil de notre vie à l'union avec l'Esprit de Dieu, car prier correctement, c'est mener une vie correcte. Ce que nous faisons, nous le faisons dans la conscience de Dieu ; c'est cela être proche de Dieu, c'est le courant qui nous guide et nous anime.

Si grâce à cette prière tournée vers l'intérieur, nous avons trouvé Dieu, notre conscience intérieure – car l'Esprit de Dieu habite en nous – il nous est alors également possible, au fur et à mesure que nous nous y exerçons, de remercier, louer et glorifier Dieu à partir de l'intérieur.

Nos prières deviennent alors aussi plus désintéressées et la conscience spirituelle nous montre que l'objet de nos prières se trouve en réalité déjà en nous et est déjà accompli en nous. Dieu est en toutes choses. Il connaît nos souhaits avant même que nous les Lui ayons soumis. Et pourtant, il nous est donné de demander, afin de faire s'épanouir ce qui est au plus profond de nous, la plénitude qui voudrait agir à travers nous.

Prier en se tournant vers l'intérieur, vers Dieu, la conscience sainte, est en quelque sorte une méditation du silence. Quand nous prions, faisons-le lentement et consciemment. Une prière crispée, en vue d'obtenir quelque chose ou dans l'attente de résultats particuliers est une prière qui ne porte pas de fruit.

Il est important de laisser agir lentement et harmonieusement les pensées de prière en nous et de prendre l'habitude de faire une courte pause après chaque phrase. De cette manière, nous devenons plus silencieux et nous entrons plus profondément dans notre conscience spirituelle, le Dieu intérieur.

Si nous prions calmement et laissons nos sensations et pensées de prière agir en nous, que nous les déposons en quelque sorte sur l'autel de Dieu, nous n'avons pas besoin d'une technique respiratoire spécifique. En marquant une courte pause après chaque phrase pensée ou prononcée, en respirant calmement, de façon totalement détendue et en nous ouvrant consciemment à l'Esprit, nous ressentons la paix intérieure. Nous faisons l'expérience d'une méditation profonde d'un genre unique, car dès lors que nous nous adressons à la source divine du plus profond de notre cœur et emplis d'un amour désintéressé, elle nous répond.

Nous ne devrions jamais oublier que nous sommes le temple de Dieu et que l'Esprit de notre Père habite en nous. Si nous purifions ce temple en ayant des pensées nobles et que nos paroles et actions correspondent à nos pensées, nous parvenons ainsi à l'Esprit qui non seulement habite dans le temple mais l'illumine aussi, l'Esprit de notre Père.

Celui qui s'efforce d'aimer et parvient à l'amour, recevra l'amour de multiples façons. Dieu, l'amour éternel, ne prend pas. Dieu est toujours Celui qui donne. Lui, notre Père, donne à profusion, car Il est la plénitude même, également en nous.

La prière du cœur

La prière du cœur est une étape intermédiaire vers la prière véritable. La prière du cœur émane des enveloppes de l'âme qui révèlent les aspirations et les désirs de chacun. La prière du cœur vient donc des enveloppes de l'âme ; elle est stimulée par les particules de l'âme qui renferment des aspects humains, les charges que l'être humain portent encore en lui. C'est de là qu'affluent les aspirations et désirs qui subsistent encore en lui et qui reposent dans ces couches plus profondes de l'âme.

Ainsi, la prière du cœur contient encore des souhaits, mais elle est déjà plus profonde qu'une prière qui ne vient que de l'entendement humain. Celui qui pratique cette prière se trouve encore devant la porte de la félicité éternelle. Pratiquer la prière du cœur, c'est comme frapper à la porte qui mène au royaume intérieur de la paix et de l'amour. Les petits pas en avant, la persévérance dans l'effort, n'avoir de cesse de se tourner vers la force éternelle, tout cela conduit aussi au succès spirituel. Celui qui s'exerce assidûment à prier de la bonne manière et à mener une vie correcte verra un jour la porte s'ouvrir et il pénétrera plus profondément dans le noyau central de son âme, dans la conscience éternelle de Dieu.

Avec amour et dans un profond recueillement, nous devrions offrir nos soutiens de conscience et nos prières, oui, notre vie entière, au Christ qui est l'autel intérieur en nous, notre lumière, notre vie. C'est Lui qui nous conduit au Père. Ainsi, il est possible à chacun de cheminer vers la vie intérieure, vers l'origine de notre existence.

Nous abandonner à Dieu et prier véritable-
ment nous permet intérieurement de prendre
nos distances avec le monde pour un certain
temps. Lorsqu'en nous tournant vers l'intérieur et en priant correctement nous sommes
parvenus au recul nécessaire et conscient sur
le monde, nous sommes alors en mesure de
nous tourner à nouveau vers lui d'une tout
autre manière.

Nous n'y parviendrons que par l'exercice,
la discipline et la concentration, par amour
pour Dieu et notre prochain, en nous tournant consciemment vers l'intérieur, vers la
conscience sainte de Dieu. De cette manière,
nous transformons l'être humain et l'âme, car
la prière correcte, profonde et désintéressée,
ainsi qu'une vie conforme à la loi divine, apportant plénitude et sérénité, conduisent à
l'unité avec toute existence.

Ainsi, celui qui chemine vers le royaume de la Vie, vers la patrie intérieure, est semblable au pèlerin qui, d'étape en étape, se rapproche de son Dieu intérieur, de sa patrie intérieure et acquiert de cette façon harmonie et paix. Plus nous nous rapprochons de l'origine de la Source, plus nous pensons et agissons à partir de l'intérieur conformément aux lois éternelles. Ainsi nous devenons des êtres conscients de leur origine, le Tout-Puissant, des fils et des filles de Dieu qui connaissent la vie intérieure et ne sont plus de ce monde, bien qu'ils se trouvent au milieu du monde.

Chacun a la possibilité de mener une vie spirituelle, tout en étant dans le monde. Celui qui y parvient est foncièrement transformé et grâce à la prière correcte et à une vie conforme à la Loi, il est intérieurement profondément comblé. Celui qui s'est exercé inlassablement à la prière du cœur acquiert un rythme corporel harmonieux, ses mouvements et ses gestes, ses paroles et ses actions seront plus posés et plus équilibrés.

La prière ne doit cependant pas s'arrêter à celle du cœur qui consiste à frapper constamment à la porte du royaume intérieur. Par la suite, elle doit se transformer en prière de l'âme, car la porte du salut doit s'ouvrir afin que nous nous rapprochions de l'origine de notre Vie. Lorsque la prière du cœur a été bien développée, la porte qui mène au Dieu intérieur s'ouvre lentement et les premières impulsions de la Vie s'écoulent de l'âme et se mêlent alors à la prière du cœur.

Cela signifie que celui qui a appris à se recueillir, à s'immerger en lui, en s'exerçant au silence véritable, ressent déjà en partie les courants venant de son âme, qui se mêlent aux pensées de son cœur pour se transformer en prière.

Si nous sommes devenus des êtres qui pensent et prient avec le cœur, la force vivante qui est en nous jaillira alors comme une eau vive, dépourvue d'émotions par trop humaines et de toute contrainte. La prière nous apportera alors de la joie et fera naître en nous la nostalgie d'être reliés chaque instant à Dieu, la nostalgie d'être proches de Lui.

Toute âme qui n'est pas encore totalement purifiée et tout être humain chargé par son ego est un individu qui pense et vit en fonction de sa mentalité et de ses caractéristiques. C'est pourquoi chacun devrait prier à sa façon, en fonction du développement actuel de sa conscience. Nous ne devrions pas imiter quelque chose d'encore absent en nous, mais prier en fonction du propre développement de notre conscience.

La prière correcte permet également d'apprendre à se connaître, de parvenir à des prises de conscience sur nous-mêmes. Tant que notre prière renferme nos propres désirs et aspirations, nous sommes encore plus ou moins fortement enracinés dans notre moi humain. Par la prière véritable, nous pouvons reconnaître ce qui est encore en nous et devenir libres, dans la mesure où nous remettons ce que nous avons reconnu à la force universelle et suivons les lois de Dieu. Avec le temps, notre prière devient alors désintéressée, une vraie mélodie de l'intérieur qui jaillit de notre conscience fortifiée, ramenant l'harmonie en nous et nous incitant à nous tourner vers ce qu'il y a de plus élevé.

Il n'est pas bon de se conformer à des prières toutes faites, car ainsi nous ne faisons qu'agir de façon destructrice sur notre propre conscience. Nous devrions prier selon ce que nous sommes, selon nos sensations et pensées actuelles. Les prières dites habituellement pour certaines occasions ne font, elles aussi, que nous imposer des contraintes. Le chercheur véritable, celui qui prie à partir du cœur et qui apprend également à se connaître à travers la prière, ne parviendra à la source intérieure que s'il prie librement, s'il laisse sa conscience prier. Une prière libre jaillit d'un cœur qui aime et d'une âme qui s'ouvre à Dieu, notre Seigneur.

Pour que la prière puisse jaillir de notre cœur, nous devons tout d'abord devenir silencieux et faire taire toutes nos pensées. Avant de prier, pour que nos pensées s'éloignent de nous, nous concentrons notre attention sur notre respiration et observons notre rythme corporel qui se fait de plus en plus harmonieux. Notre respiration devient plus calme, nos mouvements plus harmonieux, parce que les pensées qui nous tourmentaient nous quittent. Nous parvenons à un rythme corporel calme parce que notre respiration est plus profonde.

Si nous avons pu nous détacher de nos pensées, si elles nous ont quittés, nous cessons alors d'observer notre respiration et notre rythme corporel. Nous sommes à présent prêts à prier à partir du cœur, à laisser les forces de l'amour s'écouler à travers nous.

Si nous ne sommes pas encore en mesure de pratiquer la prière du cœur, nous dirigeons alors notre prière vers l'intérieur jusqu'à ce que des forces s'éveillent au plus profond de nous-mêmes et prient alors à travers nous. Nous tournons nos prières vers l'intérieur et remettons à Dieu ce qui nous accable et nous pèse. Nous déposons ce qui nous tient à cœur sur l'autel de Dieu.

Lorsque nous sommes profondément ancrés en nous-mêmes, la prière se fait d'elle-même. Des prières désintéressées montent alors en nous sans effort. Nous laissons monter en nous les forces intérieures qui prennent la forme de sensations et de pensées de prière. La prière se fait d'elle-même à travers nous.

Cette prière du cœur, unie aux courants de l'âme, a lieu lorsqu'elle ne fait qu'une avec nos pensées, nos sensations et notre volonté. Cette prière ne vient donc plus de l'intellect mais des couches supérieures de notre conscience spirituelle. Ce passage de la prière laborieuse, avec ses réflexions et formulations, à celle qui se fait d'elle-même, est une expérience profonde et authentique au plus profond de notre être.

Nous devons parvenir jusqu'aux profondeurs de notre être, là où notre âme éveillée éprouve constamment un amour intense pour Dieu.

Alors la prière s'exprime en nous, où que nous nous trouvions, dans une pièce silencieuse ou dans le monde bruyant. La prière se fait d'elle-même en nous et à travers nous.

Nous sommes alors proches de Dieu. L'âme s'est éveillée en Dieu et l'être humain est orienté vers Lui. Cela signifie que tous deux sont proches de la conscience éternelle, Dieu. Qui s'est exercé à la prière du cœur avec une discipline extrême, de la concentration et en s'exerçant au silence, ressent l'amour de l'Esprit qui agit en tout. Grâce à la force de cet amour, il parviendra à cette prière perpétuelle qui, à toute heure et en tout lieu, monte en lui pour remercier, honorer et glorifier Dieu.

Dieu est partout, car l'Esprit de Dieu est en nous et en tout ce qui nous entoure. Rien ne peut exister sans la force éternelle, Dieu. C'est pourquoi nous pouvons sans cesse parler avec Dieu, que ce soit lors de tâches ménagères, dans le cadre de notre profession, en route, dans l'autobus ou le train, ou encore en nous promenant. En toute activité, Dieu, la force universelle, agit en nous et autour de nous.

Agir de manière noble et bonne, avoir des sensations et des pensées pures, tout cela constitue également une prière, car nous accomplissons ainsi la loi de l'amour. De cette manière aussi, la prière se fait d'elle-même à travers nous.

Avant de nous endormir ou dès le réveil, la prière se fait d'elle-même en nous et à travers nous, parce que nos pensées sont des pensées divines. Ainsi, nous parvenons à la prière véritable, car chacun de nous doit lui-même devenir prière.

Celui qui, consciemment et par amour pour Dieu, fait ces exercices spirituels de la prière intérieure afin que la porte vers la Vie s'ouvre, est à tel point comblé par la prière que tout son être prie, où qu'il se trouve. Ce n'est que lorsque nous sommes nous-mêmes devenus prière que nous accomplissons les lois divines de manière correcte, car l'accomplissement des lois saintes équivaut à la prière véritable. Il y a de nombreuses personnes qui prient régulièrement mais uniquement avec les lèvres, peu, en revanche, vivent proches de Dieu et sont devenues elles-mêmes prière.

Dans le pèlerinage vers notre Dieu intérieur, qui passe par le silence, la prière du cœur, le recueillement méditatif et une vie consciente et conforme à la loi de Dieu, nous devenons capables de ressentir de façon éthérique. Cela signifie que nous devenons plus sensitifs, plus perméables à la force sacrée et éternelle. Il nous est alors possible de ressentir en nous la substance de notre vie véritable, la force sacrée qui agit en toute chose.

Nous sommes des êtres de la lumière et pour nous unir de nouveau à Dieu, notre Père, nous devons remonter l'échelle de Jacob, l'échelle des Cieux, par laquelle nous sommes descendus jadis dans la vallée des larmes et de l'amertume. Cette remontée sur l'échelle de la vie cosmique, c'est le chemin intérieur qui mène au royaume éternel de Dieu, qui est en nous.

Nous ne pouvons gravir ces échelons menant à la conscience cosmique que si nous aimons Dieu par-dessus tout. L'amour de l'Eternel nous donne la force de vivre conformément à Sa Loi, de penser et d'agir avec discipline et de travailler avec concentration pour obtenir le silence intérieur. Nous parvenons alors, par la prière du cœur et la prière de l'âmc, à la prière éthérique qui nous unit entièrement à l'Eternel.

En cheminant vers le royaume intérieur, nous devenons désintéressés. Celui qui est devenu désintéressé ne pense plus à lui-même, il donne. Il en va de même de notre prière. Nous ne prions plus pour des buts intéressés. Nous savons que nous possédons tout, que la plénitude s'offre à nous tous les jours. Nous prions pour notre prochain, pour le monde, afin que tous s'éveillent et trouvent également la plénitude intérieure, Dieu, qui prend soin de nous et est là pour nous. L'amour divin, cosmique, en nous depuis notre origine, s'éveille alors de plus en plus et nous donne la liberté et la paix profonde que le monde ne connaît pas, et que beaucoup de personnes cherchent pourtant.

Quand nous parlons de la prière du cœur, il ne s'agit pas de l'organe central qu'est le cœur dans le corps physique. Le cœur dont il est question ici, c'est la Vie, la conscience de l'existence de Dieu à qui nous remettons nos pensées et nos sentiments, de sorte que ce n'est pas seulement notre intellect, notre conscience humaine qui prie, ni notre subconscient, mais les courants de l'âme éveillée.

Cependant, en rester à la prière du cœur serait une stagnation dans notre développement spirituel. Notre but suprême est la prière éthérique, c'est-à-dire vivre constamment proches de Dieu, c'est-à-dire accomplir ce qui est conforme à la loi divine.

La prière du cœur, c'est comme si nous frappions à la porte intérieure qui mène à la salle du trône de Dieu, directement à Son cœur. Elle n'est qu'une étape préalable à la prière de l'âme et à la prière éthérique. Le but suprême que nous nous efforçons d'atteindre est de parvenir à l'union avec la conscience de Dieu. Qui vit constamment dans l'adoration intense de Dieu, qui Le loue, Le remercie pour toutes choses et épreuves est proche de Dieu. Il voit clair en tout, car il a trouvé la vérité intérieure. Si nous avons ouvert les vannes intérieures menant à la conscience divine, si la porte menant à la félicité profonde s'est ouverte, nous accédons alors aux sensations de l'âme qui nous transmettent une forme élevée de la prière.

Si en nous exerçant à prier profondément et à laisser monter en nous la prière du cœur nous avons atteint des sphères plus profondes du silence intérieur, nous faisons alors l'expérience de la prière de l'âme et du cœur, la prière où l'âme et le cœur ne font plus qu'un. Nous pourrions aussi dire que le conscient et le subconscient, remplis par la force spirituelle, sont unis à l'âme. L'âme et le corps vénèrent alors le divin.

Notre but devrait être de toujours penser, parler et agir à partir de la conscience spirituelle, que celle-ci pense, parle et agisse à travers nous. Nous parvenons à ce but élevé lorsque nous nous accordons sur Dieu par une prière toujours plus profonde et un comportement correspondant dans notre vie quotidienne.

L'autre forme de prière intérieure consiste à sonder tout ce que nous pensons et faisons avec notre conscience ouverte, c'est-à-dire avec le potentiel spirituel que nous avons développé grâce à une vie spirituelle. Il nous est alors possible de vivre de plus en plus dans le royaume intérieur duquel nous recevons aussi consciemment ce dont nous avons besoin pour notre existence matérielle.

Nous ne vivons alors plus orientés vers l'extérieur, tourmentés et stressés par la peur et les opinions, imprégnés et dépendants de notre manière de penser et d'agir, ainsi que de notre intellect ; nous vivons consciemment à partir de Dieu, le Tout-Puissant, car Il agit consciemment à travers nous et dirige notre corps, la matière, et toutes nos pensées et aspirations, et ainsi nous guide. La Vie qu'Il est nous conduit.

Si nous parvenons à être proches de Dieu dans nos pensées, sensations, paroles et notre vouloir, nous portons sans cesse et consciemment en nous Son nom saint ; nos prières gagnent en amour, en pureté, en désintéressement, en paix, en respect et obéissance envers Dieu. Nous prenons pour ainsi dire notre envol vers d'autres sommets, pour vivre encore plus intensément.

La prière de l'âme

Des formules de prière compliquées nous fatiguent et nous dispersent parce qu'elles proviennent des sphères humaines, du monde de nos pensées et de nos sens imprégné de nos désirs et envies. Ce qui a été appris pendant des années vient de l'extérieur. Cela s'applique aussi à la prière. Ce qui se trouve au plus profond de notre âme est spirituellement inné et provient des sphères pures de l'âme. Ces courants qui circulent au plus profond de nous libèrent l'homme et l'âme.

Le chemin menant à la vie intérieure exige de nous que nous observions de façon critique et constante nos sensations, nos pensées et notre comportement. Nous devons éviter les sensations et les pensées négatives. Elles voilent notre conscience et nous lient à des formes de prière extérieures ainsi qu'à des prières renfermant nos propres désirs et envies. La prière ne se fait alors pas d'elle-même en nous mais vient de l'intellect. Ce que l'intellect produit ne nous rapproche pas de Dieu.

Afin de prier, penser, parler et agir du plus profond de nous-mêmes, nous devons observer nos pensées, éduquer notre volonté et placer toute notre vie sous le sceau de l'amour divin, du salut.

La prière qui vient directement de l'âme ne jaillit qu'après une lutte persévérante, sérieuse et consciente en vue de parvenir à l'amour intérieur et à la liberté.

Tout est grâce ; tout provient de Celui qui donne la Vie. Ainsi, la prière de l'âme est également un cadeau de Dieu qu'Il accorde à ceux qui L'aiment plus que ce monde. La prière de l'âme est la prière de celui qui est désintéressé. Elle ne peut être acquise au moyen de techniques particulières. Elle est accordée à celui qui se tourne sérieusement, de toutes ses forces, vers le Dieu intérieur et se maîtrise de plus en plus consciencieusement afin de devenir désintéressé.

La prière de l'âme est à la fois une prière de l'âme, du cœur et du corps. Lorsque nous sommes parvenus au calme et au silence profonds, que nous sommes capables de rester silencieux en pensées et en paroles alors que notre prochain parle et se vante de ses capacités et qualités, si nous sommes en mesure de garder le silence au cœur de la vie quotidienne, dans l'agitation de ce monde, nous avons alors accompli de grands progrès. Nous avons fait quelques pas vers la maîtrise de nous-mêmes sur le chemin de la spiritualité.

Nous sommes pour ainsi dire emplis de force et de Vie à partir de l'intérieur et nous restons orientés vers le but suprême. Grâce à cette force accrue, nous réussissons également à reconnaître les ombres du moi humain plus profondément enfouies en nous et les vainquons. Nous serons alors comblés par la proximité de Dieu et prierons à partir de l'âme, tel que cela se révèle en elle, dans des sphères plus profondes du silence.

Lorsque notre âme a établi une relation profonde avec Dieu, notre Père en Jésus-Christ, et est emplie de Sa présence, nous reposons alors de plus en plus en Dieu, notre Seigneur, également en tant qu'être humain. Les soutiens de conscience ne sont alors plus nécessaires, ni l'observation du souffle et encore moins des prières toutes faites. Par le silence profond, l'homme perçoit toujours plus les courants s'écoulant de la conscience de l'âme. Si le cœur et l'âme sont emplis de la toute-puissance de Dieu, ils ne laissent plus entrer en eux de pensées pécheresses ou de représentations contraires à la loi divine.

Lorsqu'une personne vit profondément ancrée dans la pensée divine, c'est qu'une transformation s'est opérée dans sa vie. Par un travail de prise de conscience et en surmontant sa nature humaine, elle est parvenue à prendre de la distance vis-à-vis du monde en dissolvant les liens qui la reliaient spirituellement à lui et la retenaient ainsi prisonnière. Raffermie et fortifiée intérieurement, elle peut alors se tourner vers le monde d'une autre manière. Par un tel mode de vie conforme à la loi divine et par la prière correcte, elle a alors trouvé le chemin qui, bien souvent après une longue recherche, lui donne la possibilité de mener une vie spirituelle au cœur de ce monde.

Celui qui repose en Dieu ne fait plus de différence entre ses prochains. Pour lui il n'y a plus que des enfants de Dieu, des fils et des filles du Père éternel en chemin vers la patrie intérieure. Celui qui vit dans cette haute sensation de l'unité universelle n'est pas seulement uni à tous les êtres mais aussi à l'infini. Il voit la Vie en toutes choses et la vénère profondément. Ainsi, il est également proche du divin dans la nature. Il ressent qu'il est en chaque arbre, chaque buisson, chaque fleur ainsi que dans les astres, en tant qu'essence. Il ressent qu'il est en toute existence et que l'essence de toute existence est en lui.

Cette communication des forces entre elles, synonyme de communion véritable, c'est la prière profonde, la prière de l'âme qui introduit la prière éthérique.

Celui qui vit dans cette conscience ne voit désormais en toutes choses que l'action des lois éternelles. Il rayonne l'amour et éveille l'amour chez ses semblables. Il se tient au-dessus des vicissitudes de la vie humaine et ne connaît pas la peur. Les vibrations basses ne pénètrent plus en lui. C'est pas à pas qu'il atteint ce but élevé. Sa vie et ses actes deviennent une bénédiction de Dieu et ses prières portent des fruits.

La prière de l'âme s'écoule d'elle-même en lui. Elle jaillit de l'intérieur sans effort. C'est une prière désintéressée, une prière de paix, d'union avec les forces de l'amour au plus profond de l'âme et en toute existence. Cette prière apporte aide et soutien, car elle ne vient pas de nous, de l'intellect mais jaillit de notre conscience spirituelle ouverte, du potentiel spirituel des forces que nous nous sommes réapproprié jusqu'à maintenant.

Lorsque l'âme a accueilli au plus profond d'elle-même les pensées de prières conscientes adressées au Christ et qu'elle est emplie de Sa présence, la porte qui mène à la vie éternelle peut alors s'ouvrir davantage, de sorte que toujours plus de rayons d'amour divin se répandent en elle et illuminent également le corps.

Lors de la prière du cœur et de la prière de l'âme, nous faisons clairement et nettement l'expérience de ces paroles : « Je suis à la porte et Je frappe. Si quelqu'un entend Ma voix et que par la prière et par l'amour la porte s'ouvre, J'entrerai chez lui et serai avec lui. Il sera avec Moi et son repas sera Mon repas. »

En tournant nos prières vers l'intérieur, en demandant des forces, nous parvenons à la prière du cœur qui nous amène à la prière intérieure, en ce sens que nous laissons pour ainsi dire la prière se faire d'elle-même en nous. Dans cette succession, d'abord prier vers l'intérieur, puis laisser la prière se faire d'elle-même, nous parvenons à la prière de l'âme. Nous accédons alors à la porte que le Seigneur Lui-même nous ouvre.

La prière de l'âme n'est plus la prière du cœur dans laquelle l'homme et des courants partiels de l'âme soumettent leurs souhaits et exposent leurs difficultés. La prière de l'âme va bien au-delà. Elle inclut toute existence parce que l'âme, à travers son enveloppe humaine, l'être humain, loue et rend hommage à Dieu en Christ.

La prière pure de l'âme, dépourvue des interférences de la volonté humaine, est une adoration et une vénération du Très-Haut qui connaît toutes choses et est tout.

La prière de l'âme vient du plus profond de l'être, la conscience ouverte ressent, pense, parle, agit et prie à travers moi. La prière de l'âme vient de la conscience ouverte, du potentiel spirituel des forces de l'âme réalisé par une vie en Dieu et avec Dieu. Il se peut que les premiers courants de la mentalité de l'être intérieur, de l'être spirituel, s'écoulent dans la prière de l'âme.

Pour finir, tout est empli et porté par la conscience sainte, Dieu, le noyau central de la Vie, y compris la prière de l'âme. L'Esprit de Dieu rayonne dans l'âme, et l'être lumineux, l'âme largement purifiée, révèle dans la prière son origine spirituelle, sa mentalité. Plus l'âme est pure, plus la prière de l'âme est désintéressée et sublime.

La différence entre la prière du cœur et la prière de l'âme est très claire. Celui qui est parvenu à la véritable prière de l'âme est désintéressé. Il sait que toutes choses sont en lui : ce qu'il demande, il l'a déjà, ce qu'il désire, il le possède déjà.

Par ces prises de conscience et par l'accomplissement de ce qui correspond à la volonté de Dieu, le petit moi inférieur se retire. Les requêtes personnelles disparaissent et l'âme éveillée, lumineuse, glorifie et remercie Dieu. Elle s'adresse à Lui avec des sensations, pensées et paroles pures et nobles.

S'il émane de nous noblesse, pureté et beauté, nous parvenons de plus en plus à la prière de l'âme profonde, authentique et désintéressée. L'âme éveillée remercie constamment Dieu qui est à la fois le donateur et le don parce qu'Il réunit en Lui tout ce qui est bon. Si nous sommes malades, Il est notre guérisseur. Si nous avons faim, Il nous donne à manger. Si nous avons froid, Il nous réchauffe. Si nous sommes accusés, Il nous défend. Si nous sommes insultés, Il nous console. Si nous sommes persécutés, Il est notre secours. Si nous tombons, Il nous relève. Si nous doutons, Il nous affermit. Si nous devenons inconstants et faibles, Il nous donne du courage.

A cela nous reconnaissons que nous sommes les membres du corps spirituel du Christ et en même temps des cellules de Son corps spirituel. Si nous sommes proches de Son nom et constamment unis à Lui en pensées, donc si nos sensations et pensées sont pures, nous serons alors inondés de Sa force sacrée. Celui qui reconnaît Son action en toutes choses communique avec les forces sacrées qui agissent dans les minéraux, les plantes, les animaux et tout particulièrement dans l'être humain.

Dieu vit à travers celui qui vit en Lui et Il lui révèle tout ce que l'âme cache à celui qui ne poursuit que des buts extérieurs et vit orienté vers l'extérieur.

Une personne parvenue à cette force de prière est emplie des attributs et qualités de Dieu et devient elle-même peu à peu prière. Si elle est devenue prière, elle est désintéressée et n'est plus dominée par son ego. Qui repose en Dieu, son Seigneur, a remis son ego au « Je suis », le grand Esprit qui connaît toute chose.

En Dieu, tout ce qui est de nature humaine est sans importance et vain. L'essentiel, c'est la Loi qui est la plénitude et qui la fait émerger en nous. Qui vit dans la plénitude de Dieu ne connaît pas la peur, car il vit dans la vérité. Dieu est la vérité.

Au fur et à mesure de son évolution, celui qui chemine vers Dieu abandonnera tout ce qui n'est pas essentiel et l'éloigne du courant divin du salut, le détourne de sa voie et cherche à l'entraîner dans le monde des illusions.

Celui qui veut préparer toute son âme à la prière profonde, la prière de l'âme, doit régulièrement envoyer dans les profondeurs de son être, dans son âme, des impulsions d'éveil, par exemple :

Père, Tu es la conscience qui est au plus profond de moi !

Ton amour éternel est saint et puissant.

Par la conscience de Ton Fils Jésus-Christ, je ressens Tes attributs et qualités en moi. Ton « que cela soit » s'écoule à travers mon âme afin que je devienne celui que je suis depuis le commencement des commencements.

Aide-moi à devenir prière, à être entièrement à Toi.

Toi, mon âme, élève ta voix à la louange de Celui qui t'a créée !

Que mon âme glorifie, loue et remercie le Seigneur, le Puissant qui est tout et en tout.

*Son nom est sanctifié, je sanctifie Son nom,
afin que je puisse redevenir divin à travers Son
nom, Dieu.*

Reposant au plus profond de nous-mêmes,
éloignés des apparences extérieures, nous
sommes à l'écoute des impulsions de l'âme.
Patients et disponibles, sans vouloir quoi que
ce soit, entièrement à la disposition de Dieu,
nous attendons la prière de notre âme.
Etre reliés en pensée avec l'Esprit éternel en
nous, nous rapproche de Son omniprésence.
Si nous appelons Son nom avec ferveur, alors
Dieu nous répondra. Il dépose Sa parole dans
l'âme et celui qui est orienté vers Lui pourra
percevoir Sa voix.

Si l'âme a accueilli en elle les pensées sur
le Christ de Dieu, si elle est emplie de Sa
présence, chacune de nos pensées sera alors

la pensée du Christ parce qu'elle sera emplie du salut, noble et pure. Il n'est alors plus nécessaire de répéter continuellement le nom du Christ parce que nous vivons en Lui et que Lui vit à travers nous.

Répéter le nom de Dieu et du Christ n'est nécessaire que si nous sommes à nouveau tirés vers l'extérieur par des événements de l'ici-bas. Si nous sommes assaillis par des difficultés, la détresse ou la crainte, nous pouvons alors prononcer avec calme et espoir les noms « Dieu-Père » ou « Christ », en faisant confiance à la toute-puissance que nous recevrons ce pour quoi nous prions. Cette invocation, cet appel intérieur, n'aura de succès que si elle est désintéressée, que nous ne voulons pas forcer quelque chose par notre demande, mais que nous la remettons à la toute-puissance afin qu'elle agisse selon Sa volonté.

Si nous nous laissons séduire par le monde, par des choses extérieures, des images et des impressions, nous pouvons alors invoquer avec persévérance, mais calmement, le nom de Dieu et du Christ et détourner nos pensées des influences extérieures. Nous laissons la mélodie des mots « Père » ou « Christ » vibrer et agir dans notre cœur et notre âme jusqu'à ce que toutes les pensées de doute, de crainte et de peur et tous les sentiments négatifs s'éloignent de nous et que nous ressentions à nouveau le flux de la force universelle et que, fortifiés, nous puissions à nouveau recevoir Sa lumière et Sa voix.

Etre uni à l'Eternel est vraiment une bénédiction ! Si nos pensées sont proches de Dieu, alors nous ressentons à chaque instant la main salvatrice du Tout-Puissant. Ne nous contentons pas seulement de prononcer Son nom, mais laissons-le rayonner à travers tout notre être, alors la puissance et la force du divin deviennent visibles à travers nous, car notre vie est marquée par le succès spirituel. Nous accomplissons dans le monde ce qui contribue au bien de notre prochain, au bien de son âme. Cette force intérieure, cette force divine de l'amour domine alors aussi tout notre corps physique, nous renforce et nous fortifie. Elle éloigne de nous ce qui est propre au monde, la maladie, les difficultés et les soucis. L'accomplissement des lois saintes purifie notre âme, notre cœur et notre corps et sanctifie notre être.

Dotés de ces forces, nous prierons toujours plus consciemment et parviendrons finalement à la prière éthérique dans laquelle nous sommes emplis de manière absolue par la force omniprésente de Dieu. Par cette évolution de notre prière et en vivant selon les lois spirituelles, nous nous rapprochons toujours plus de la conscience éternelle, du noyau central divin dans notre âme.

En renonçant à notre ego, à notre moi inférieur et en menant une vie intérieure consciente, nous parviendrons à l'union avec Dieu, nous serons consciemment en Dieu et Dieu sera consciemment en nous ; nous deviendrons la Loi, l'être que Dieu a créé, l'être divin.

La prière éthérique

La prière éthérique, c'est reconnaître les lois saintes de Dieu et en même temps les accomplir de façon absolue.

Par nos efforts quotidiens pour plaire à Dieu, nous entrons toujours plus profondément dans notre royaume intérieur. En cheminant continuellement vers le Dieu intérieur, vers le royaume intérieur dont Jésus a dit : « Mon royaume n'est pas de ce monde », nous parvenons à des sphères toujours plus vastes de silence sublime et de paix profonde.

Si nous avons gagné la lutte avec nous-mêmes, notre âme est alors devenue tout à fait paisible et nous reposons en Dieu, notre Seigneur. Nous pouvons dire consciemment et avec une certitude absolue : « Ce n'est pas moi qui vit, c'est le Christ qui vit et agit à travers moi. »

Animés de ce silence véritable, profond, por-
tés par la joie divine, nous gravissons les der-
nières marches menant à l'Absolu, à la vérité
parfaite. Constamment tournés vers l'intérieur, nous sommes en mesure de nous trouver au cœur de l'agitation et du tumulte d'un
monde empli de vacarmes et de rester malgré
tout calmes et recueillis en nous-mêmes, car
notre âme est devenue silencieuse. Elle repose
en Dieu, son Seigneur qui l'a créée. Ce n'est
plus nous qui vivons, c'est Lui qui vit à travers
nous.

Celui qui éprouve cette unité avec Dieu est
intérieurement uni à la conscience absolue,
Dieu. Il est guidé par Dieu, la force universelle,
sans interférence provenant des enveloppes
de l'âme, du conscient et du subconscient.

Ce n'est plus nous qui pensons et agissons,
c'est Lui qui ressent, pense, parle et agit à
travers nous. C'est ainsi que nous devenons

prière véritable, nous devenons nous-mêmes prière, la prière qui est éternelle, car c'est la loi éternelle et sainte de l'amour qui nous a créés. Nous en sommes issus et nous devons la retrouver et redevenir Loi absolue.

Nous ne parvenons au calme profond et à la force intérieure, au silence de notre âme, qu'en cheminant avec détermination vers notre conscience éternelle qui, pour ainsi dire, nous attend, nous appelle et que nous devons redevenir. Par ce cheminement menant au plus profond de nous-mêmes, à notre conscience sainte, à Dieu, notre Père éternel, par la prière du cœur et la prière de l'âme ainsi que l'accomplissement de la vie intérieure, nous ressentons la présence du Père et du Fils en nous-mêmes et en chaque personne.

Celui qui vit en Christ se trouve dans l'église véritable, car l'homme est le temple de l'Esprit saint. Donc, celui qui entre dans son temple, en le purifiant et en le sanctifiant, est lui-même l'église du Christ.

En vivant ainsi, à partir de l'intérieur, nous ressentons de plus en plus la grande unité en Dieu. Nous faisons l'expérience que toute vie provient de Sa conscience sainte, qu'Il est la Vie en toutes choses. Celui qui éprouve cette profondeur, le silence de son âme, sait qu'il est relié par l'amour à ceux qui vivent déjà dans l'au-delà et continuent là à se libérer et à se développer. Ainsi, nous vivons de plus en plus dans l'unité divine et devenons finalement unité.

Au cours de cette croissance constante au niveau de l'accomplissement de la loi sainte de Dieu, nous ressentons et éprouvons chaque jour davantage la présence de toute vie et sommes ainsi conduits à prendre conscience que tout est en nous et que nous sommes en tout. On peut dire que celui qui fait cette expérience et parvient à être intérieurement empli du courant de la Vie est de retour à la maison.

Par cette connaissance, par son accomplissement et par l'éveil à la loi éternelle de l'unité et de l'amour divin, nous ressentons et éprouvons une paix toujours plus profonde et une harmonie vivifiante, car nous nous rapprochons de l'origine de la Source, de l'Absolu.

Dans la paix et l'harmonie divines qui sont en même temps le silence de notre existence intérieure, les enveloppes de nos aspects humains tombent les unes après les autres. Nous ne connaissons plus la peur, la vanité et l'égocentrisme aveugle, car nous sommes devenus prière véritable et profonde.

Cette évolution nous apporte le désintéressement, car sommes consciemment en Dieu, comme le Christ, l'Esprit rédempteur, est en nous.

C'est alors davantage avec nos sentiments qu'avec nos pensées que nous communiquons avec nos semblables, que ce soit dans la rue, au travail, en route ou ailleurs.

Nous voyons le Christ en chacun, même dans les personnes qui nous sont antipathiques et désagréables. Si nous voyons le Christ également dans nos ennemis apparents, que nous voyons en eux notre frère et notre sœur, nous faisons alors preuve de grandeur et pouvons alors vraiment dire que nous nous unissons au principe primordial saint, que nous nous approchons de l'origine de la Source.

Le silence intérieur nous dit : « Honore ton Père céleste en Christ et sers-Le en chacun de tes semblables, car l'Esprit de ton Père en Christ, la flamme salutaire et rédemptrice implantée en chaque âme par le sacrifice du Golgotha, habite en tout homme et en toute femme, y compris dans les méchants et les criminels. »

Prenons conscience que nous sommes tous des frères et sœurs et qu'un jour nous nous rencontrerons à nouveau dans la patrie éternelle en tant qu'enfants parfaits du Père éternel ! Si nous nous efforçons d'atteindre ce but déjà maintenant, sur Terre, nous n'aurons alors plus rien à pardonner dans l'au-delà et rien ne devra nous être pardonné. Nous serons libres en Dieu, joyeux dans la patrie éternelle qui est notre demeure éternelle.

C'est pourquoi, quelle que soit l'attitude de notre prochain envers nous, nous devrions nous efforcer de nous adresser au Christ en lui, en reconnaissant et en honorant silencieusement le Christ en lui. Le côté humain se retire alors de plus en plus et nous contemplons notre frère ou notre sœur en Christ avec les yeux de l'Esprit.

Si nous vivons dans le monde avec cette attitude spirituelle et ne disons que du bien de nos semblables, que nous voyons en toutes choses l'action sainte de Dieu, l'action de Ses lois célestes et nous efforçons de les accomplir envers nous-mêmes, envers notre prochain et les règnes de la nature, nous cheminons alors dans la loi du Tout-Puissant et accomplissons ainsi la prière éthérique : « Je suis en Dieu et je vis consciemment dans la présence de Dieu qui est en moi et agit à travers moi. »

Plus nous sommes disposés à reconnaître l'action de Dieu en tout, à Le remercier, Le louer et à Le glorifier, à porter Son nom dans notre cœur et sur nos lèvres, plus notre âme et notre cœur s'illuminent. Nous accomplirons alors ce que le Tout-Puissant souhaite de nous, Ses enfants, à savoir que nous règnerons sur la Terre avec amour. C'est là la prière profonde, la prière éthérique.

Celui qui vit dans la prière éthérique vit dorénavant à partir de l'intérieur. Sa patrie intérieure s'est déjà largement ouverte à lui. Ses sensations, ses sentiments, pensées, paroles et actes prennent désormais leur source dans sa conscience spirituelle élargie et fortifiée.

Ce qu'il pense et dit ne vient plus de son intellect, de son entendement, mais de sa conscience la plus profonde qui est la Loi de l'âme. La conscience active de notre âme agit alors sur notre conscience physique et nous transmet la vie intérieure. Celui qui est consciemment un enfant de Dieu, vivant dans la conscience qu'il est un fils ou une fille du Très-Haut, obéit alors fidèlement aux impulsions de son âme.

Celui qui vit dans cette conscience du divin ne pense et ne dit que ce qui est bien et essentiel. Son langage n'est plus piloté par l'intellect.

Il parle certes en utilisant les mots de ce monde mais son langage est différent, c'est un langage spiritualisé, ennobli, qui afflue en quelque sorte du plus profond de lui-même, c'est le langage de la conscience divine.

Celui qui veut se défaire des chaînes forgées par l'erreur doit suivre ce chemin de la prière et de l'accomplissement des lois saintes. Ce n'est qu'ainsi que le chercheur de Dieu trouvera la vérité absolue et qu'après sa vie terrestre son âme redevenue un corps spirituel pur se retrouvera face à Dieu, son Père. Celui qui a une foi ardente en Celui qui est éternellement saint, en Sa puissance intérieure et Sa force, et qui Le porte consciemment jour et nuit dans son cœur, n'a plus besoin d'autres exercices spirituels.

Celui qui vit dans la prière éthérique est en mesure de montrer les différentes voies spirituelles et de conduire les chercheurs sur le bon chemin.

Le véritable chrétien qui vit à partir de sa conscience intérieure purifiée, développée, reconnaît que finalement tous les chemins mènent au Christ et à travers le Christ, au Père. Si le Christ est ressuscité en nous, nous serons bons envers tous nos prochains.

La prière éthérique absolue, la prière profonde et véritable, c'est lorsque l'on n'est plus conscient que l'on prie parce qu'on accomplit continuellement les lois saintes. Nous vivons alors constamment dans l'Esprit de la vérité : nous ressentons, pensons et parlons à partir de la vérité intérieure. Nos actes découlent de la vérité.

Les affirmations creuses et insipides, les paroles vides et les mensonges ont disparu de notre langage. Nous ne faisons plus preuve de sentimentalité. Les sensations et les impulsions que nous ressentons sont authentiques. De même, chaque larme que nous versons lorsque la douceur et la magnificence de Dieu nous inondent est authentique. Les larmes deviennent alors des perles qui nous indiquent le chemin vers la toute-puissance absolue, Dieu. Elles nous fortifient et nous élèvent spirituellement.

Mais nous ne parviendrons pas à notre vie intérieure, au profond silence de Dieu, sans lutte intérieure. Il nous est demandé de lutter contre nos faiblesses et nos défauts. Cependant, grâce à la force intérieure, à la force du Christ en nous, nous nous vaincrons nous-mêmes. Nous trouverons ainsi le bonheur intérieur et souhaiterons l'apporter à tous nos prochains, non pas avec de grands discours et en faisant preuve de fanatisme, mais par une vie consciente et en donnant des éclaircissements sur la véritable religion intérieure.

Si nous avons constamment la pensée de Dieu dans notre âme, dans notre cœur et sur nos lèvres, nous sommes alors devenus prière et nous nous trouvons sur le seuil de l'union absolue avec l'existence éternelle, avec Dieu, notre Père. L'âme, notre corps purifié, peut alors dire à travers nous : « Père, je remets mon esprit entre Tes mains. Tout est accompli par le Christ. »

La prière de guérison

Guéris-toi toi-même par la prière ! Des sensations et pensées positives constituent pour ta santé la meilleure aide qui soit, la force de Vie. Plus ton état d'esprit est noble et bon, plus tu éveilleras en toi les forces du salut et de la Vie.

Le Christ, l'étincelle de Vie en toi, est la force du salut, la force de Vie de ton âme et de ton corps. Si, grâce à la force rédemptrice du Christ, tu ouvres la porte intérieure conduisant au royaume de Dieu, en affirmant le salut, c'est-à-dire les forces porteuses de guérison, et en accomplissant les lois saintes, alors tu recevras. Guéris-toi toi-même par la prière !

Que chacune de tes sensations, de tes pensées et paroles devienne prière ! Alors, la porte qui donne sur la Vie s'ouvrira et tu seras empli de force, de sagesse, d'amour et de santé.

Il est écrit : « Demande et il te sera donné. » Cette demande ne devrait cependant pas être uniquement l'expression d'une affirmation superficielle, un appel ou une prière des lèvres. Elle devrait venir de l'accomplissement des lois saintes, de l'affirmation de la force intérieure par des sensations, des pensées et un vouloir nobles.

L'énergie vitale éternelle jaillit continuellement de l'origine de la Source. Si nous l'acceptons de bon gré en accomplissant les lois divines, nous recevons alors cette force qui dispense guérison et Vie par l'intermédiaire du noyau central de notre âme. En affirmant ces forces de Vie et en les vivant au quotidien, il nous est alors possible d'intensifier fortement le flux de cette force du salut et de la Vie.

Si nous frappons à la porte de la vie éternelle en élevant notre cœur vers Dieu, la porte s'ouvrira et il nous sera donné.

La prière intérieure adressée au Médecin et Guérisseur intérieur suppose une foi et une confiance profondes en Celui qui peut tout, qui est tout. Guérir signifie recouvrer la santé par la force du Médecin et Guérisseur intérieur.

L'Esprit de Dieu ignore la maladie. A l'origine, nous sommes des êtres purs qui recèlent en eux toutes les forces du salut. En tant qu'êtres de lumière, nous ne sommes pas malades. Si nous sommes malades, c'est en raison de notre manière erronée de penser, de ressentir et de vouloir, c'est-à-dire en raison de notre comportement contraire aux lois divines. Cependant, grâce au Christ, il nous est possible de faire appel aux forces intérieures, de

les activer et de les diriger vers les organes
malades ou souffrants, car, de par notre origine, nous sommes des enfants de Dieu.

Comme nous sommes des enfants même la vie
éternelle, des fils et des filles de Dieu, par la
prière correcte et en nous adressant aux organes, nous avons la possibilité d'alimenter
chaque organe, chaque muscle, tout notre organisme avec les forces du salut et de la Vie.
Chacun de nous peut parler à ses cellules et
à ses organes, car en toute cellule se trouve la
force de l'Esprit. Plus nous affirmons intensément cette force intérieure par une foi forte
et une confiance totale, par des pensées positives, des sensations nobles et par l'accomplissement des lois saintes, plus nous recevons.

La prière intérieure consciente, de même que
des sensations et des pensées positives, pro-
duisent un véritable appel lancé à nos cellules
et organes, à notre organisme tout entier, pour

qu'ils s'éveillent. Si nous affirmons en permanence les forces intérieures, les forces du salut et de la Vie, avec notre conscience purifiée, si donc nous les affirmons pleinement, une transformation s'opère alors en nous. Le Médecin et Guérisseur intérieur, l'Esprit du Christ, agit en nous de façon renforcée.

La force éternelle, le Christ, n'attend que le moment où nous sommes disposés à ouvrir avec Lui la porte intérieure grâce à la force de la prière correcte, de la volonté correcte, afin de nous confier ainsi totalement au flux de l'énergie divine éternelle.

Nous sommes des cellules du corps du Christ. Les cellules de notre corps ne sont malades que parce que nous les avons affaiblies par une manière erronée de penser, de ressentir et de vouloir et que nous avons ainsi ouvert la porte à certaines maladies. Si nous émettons vers nos cellules, tissus cellulaires, organes, muscles, hormones et glandes des pensées positives, saines et lumineuses, nous recevrons alors de l'éternelle source de Vie en fonction de notre orientation.

La meilleure aide pour la santé, ce sont donc des pensées positives, désintéressées. Elles constituent les éléments nécessaires à un corps en bonne santé. Si nous affirmons chaque jour la santé de notre corps, aucune maladie ne peut nous affecter, car aucune correspondance ne se trouve en nous, à moins que la maladie ne soit d'origine karmique.

Quand nous tombons malades, si c'est bon pour notre âme, la guérison nous est toujours accordée. Si nous ouvrons avec le Christ la porte intérieure qui mène à la Vie, par une vie optimiste et conforme à la volonté de Dieu, nous recevrons la santé, car le Médecin et Guérisseur intérieur habite en nous. Il attend que nous L'appelions, que nous nous tournions vers Lui, que nous réalisions et accomplissions les lois divines, et c'est alors que la porte s'ouvrira et que la Vie jaillira et affluera comme un courant dans notre corps, en nous apportant soulagement et guérison.

L'amour de Dieu pour Son enfant est immuable. Ce n'est pas Lui, l'amour tout-puissant, qui nous envoie souffrances et difficultés. Elles sont uniquement le fruit de la loi de cause à effet qui agit et est valable partout – la loi de la justice. Dans cette vie ou dans une vie précédente, nous avons créé des causes, nous avons commis des fautes contre la loi divine. Afin de pouvoir suivre le chemin du retour vers notre origine lumineuse et éternelle, notre patrie éternelle, il nous faut accepter et porter les conséquences de ces fautes.

Une dette de l'âme qui, selon des lois d'airain, s'écoule dans notre vie et nous apporte maladie, détresse, problèmes ou revers de fortune, peut malgré tout être guérie ou soulagée, ceci en fonction de l'intensité du karma. C'est nous, et nous seuls, qui déterminons à quel point elle peut être effacée. Cela dépend de notre degré de confiance envers le Médecin et Guérisseur intérieur, le Tout-Puissant – si notre confiance et notre foi sont totales ou bien si nous doutons qu'Il puisse vraiment nous aider et nous guérir. Chaque doute est une régression dans notre vie. Il ferme et cimente la porte qui mène au Médecin etGuérisseur intérieur. Des pensées divines, décidées, affirmatives et conscientes conduisent au succès.

L'état de notre corps est l'expression de notre âme, de nos sensations, sentiments, pensées et vouloirs actuels ou passés. Ce que nous pensons aujourd'hui, c'est ce que nous sommes intérieurement, c'est notre être, ce sont les pensées que nous y avons introduites au cours de cette vie ou d'une vie antérieure. C'est de cette manière que nous avons créé les correspondances en nous, c'est-à-dire les charges de notre âme.

Aucune maladie ne vient d'elle-même, c'est toujours nous qui en avons créé les causes. Les maladies chroniques sont également des manifestations visibles de nos pensées négatives passées ou présentes. Si nous voulons amener un changement, nous devons nous tourner vers le Médecin et Guérisseur intérieur et nous confier à Lui en pensant positivement, consciemment et avec persévérance, ce qui mobilise les forces intérieures.

Les prières de guérison sont le plus souvent des prières qui contiennent une demande.

Elles devraient jaillir des profondeurs de notre conscience, elles sont alors salutaires et pleines de forces. Prions et demandons, mais ne mendions pas.

Demander telle ou telle chose, par exemple la santé et la force, en se lamentant, ne se fait pas dans la conscience d'une humilité véritable et sincère ; ce genre de prières ne s'adresse pas au grand Donateur qui aimerait offrir à Son enfant tout ce dont il a besoin pour aller bien. L'Esprit de Dieu, tout-puissant et omniscient, sait au mieux ce qui nous est momentanément utile et profitable. Nous n'adressons donc pas notre prière à un dieu que notre demande devrait d'abord bien disposer à notre égard, mais à notre Père céleste dont nous savons que Son Esprit se trouve en nous. C'est à Lui que nous devrions faire entièrement confiance, qu'Il se soucie uniquement de notre âme ou de notre âme *et* de notre corps. Si nous affirmons avec gratitude et joie Sa force éternelle, elle nous comblera.

L'Esprit de l'amour est la force de notre vie, la force du salut pour l'âme et le corps. Elle seule nous rend heureux, en bonne santé et parfaits.

La prière de guérison ne devrait pas se limiter à une demande, mais devenir une affirmation constante des énergies divines en nous.
Nous ne devons admettre en nous aucune pensée de découragement, de faiblesse, de souffrance, de doute et de manque de foi. Ce genre de pensées ne fait qu'affaiblir notre âme et notre corps. Notre conscient et notre subconscient, à savoir la surface de la mer intérieure, doit devenir calme pour que le soleil intérieur puisse nous guérir.

Prenons l'habitude de remplacer les pensées d'affliction, de peur, de désespoir, de désespérance, de découragement, d'auto-apitoiement, par des pensées positives et affirmatives, nous récolterons alors des effets positifs, car le caractère lumineux de notre vie fait alors rayonner le soleil intérieur plus intensément dans notre corps, dans nos cellules, nos organes et nos muscles.

Tant que nous nous considérons comme des êtres humains et pensons comme tels, nous ne disposons que de forces humaines. Par contre, si nous nous reconnaissons comme des enfants du Tout-Puissant, comme des êtres divins, si nos pensées sont positives et nobles, que nous dirigeons toutes nos aspirations vers Dieu, nous retrouvons les forces de notre existence éternelle et originelle. Nous pouvons bâtir sur Dieu, notre Père, car nous sommes Ses fils et Ses filles.

La prière de guérison, c'est l'affirmation totale de la santé, un droit que Dieu nous a donné, du fait que l'être divin que nous sommes au plus profond de nous-mêmes est en bonne santé. Même si des douleurs nous importunent, si notre âme est assombrie, nous devrions malgré tout développer en nous des pensées de santé, des pensées affirmatives, positives et constructives. C'est là le meilleur médicament. Les forces qui se mettent alors à agir en nous sont des forces encore inexplorées par la science.

Voici ce que pourrait être une prière de guérison :

L'Esprit du Christ, la force éternelle et absolue, est en moi.
En moi s'écoulent les sources de la Vie.
Je suis en bonne santé.

Je suis un enfant de cette force éternelle. La Vie de Dieu est en moi et ma vie est en Dieu.

La plénitude divine agit en moi. Dieu est la plénitude et la force. Dieu est ma santé. Sa force sacrée et curative inonde mon âme et mon corps et renouvelle tout.

Mes cellules, organes, hormones et glandes, mes muscles et mes tissus cellulaires sont imprégnés par la force spirituelle, inondés par les forces sacrées de la Vie.

J'affirme cette force éternelle en moi et m'ouvre chaque jour davantage à la Vie en moi, par des sensations et des pensées affirmatives et constructives.

Je ne suis pas affecté par la faiblesse et la maladie, car mon être éternel est en bonne santé. Je suis en bonne santé, joyeux et fort.

Je ressens de plus en plus fortement le flux de la plénitude divine. La Source qui jaillit éternellement m'emplit. Elle m'offre de plus en plus de force, la santé et la plénitude.

Toutes les pensées de soucis et de peur s'éloignent de moi. Elles s'estompent de plus en plus et se dissolvent dans l'harmonie universelle de mon Père.

Le silence divin monte en moi à partir du plus profond de mon être. Le silence intérieur et l'harmonie universelle m'emplissent.

Porté par ce calme intérieur, je me tourne plus intensément vers la force intérieure du salut. La force du salut et de la Vie s'écoule et circule à travers moi chaque jour davantage. L'Esprit rédempteur du Christ, mon Médecin et Guérisseur intérieur, agit en moi.

Mes mains et mes bras se détendent, les muscles de mes jambes s'assouplissent, mon corps entier, mon cou, ma nuque et ma tête, tous mes muscles se détendent. Mon corps devient de plus en plus léger. La plénitude du salut

Après cette prière de guérison, nous restons encore dans le silence. Aucune sensation ni pensée ne nous traverse. Nous sommes et restons ouverts aux forces de salut du Christ. Afin qu'aucune pensée ne pénètre en nous, nous pouvons, de façon absolument détendue, observer notre respiration, le va-et-vient de notre souffle. A chaque inspiration, la force divine pénètre en nous et à chaque expiration, nous nous vidons de nos difficultés et de nos fardeaux, de nos faiblesses humaines et de nos problèmes.

Cela s'accomplit en nous selon Sa volonté. Le Médecin et Guérisseur intérieur accomplit en nous l'œuvre de Son amour et de Sa miséricorde.

Après la prière de guérison et ce silence intérieur, nous ne devrions plus nous laisser dominer par nos anciennes habitudes. Nous devrions nous efforcer d'affirmer toutes les forces positives que nous venons d'éveiller en nous, par d'autres prières porteuses de salut et par une vie positive. Si nous évitons toutes les pensées négatives, toutes les pensées relatives à des maladies ou à des problèmes, nous recevrons plus de force spirituelle. Nous ferons l'expérience de la force intérieure du salut qui nous offre soulagement et guérison.

Beaucoup de nos semblables croient que pour guérir de leurs souffrances, ils doivent faire un pèlerinage dans un lieu de guérison. Dans leur ignorance, nos frères et sœurs prennent sur eux d'entreprendre de longs voyages. Ils en supportent la fatigue, avec l'espoir de trouver en ces lieux soulagement et guérison. Cependant, celui qui sait que la force intérieure, d'où il peut recevoir ce qui est bon et salutaire, se trouve en lui-même, peut tout simplement se rendre dans les lieux intérieurs du silence sacré et de la paix éternelle, en lui, là où s'écoule la source du salut et de la Vie.

Que nous soyons dans un lieu de guérison ou ailleurs, la force est toujours la même. Elle ne se trouve pas en dehors de notre être, mais bien en nous-mêmes. Où que nous soyons, où que nous allions, la source du salut de toute vie, la force qui donne la santé, se trouve en nous. C'est en nous-mêmes que se trouve la source de la guérison, l'Esprit.

Lorsqu'en ces lieux de pèlerinage, des personnes vivent des guérisons spontanées, c'est uniquement parce qu'elles s'y rendent avec la certitude d'une forte foi, dans l'intention d'y trouver la guérison. Si, animé de la même confiance et foi profonde, celui qui cherche la guérison se rendait dans le lieu intérieur de la grâce, à la source intérieure du salut, il pourrait tout aussi bien recevoir soulagement et guérison à partir là.

La force de la Vie s'écoule éternellement de la même manière, en tout lieu et à tout moment. Dieu, la source de Vie, n'est lié à aucun lieu. Le courant divin est omniprésent. Dieu, l'Esprit éternel, s'offre à Ses enfants.
Nous devons comprendre et reconnaître que la force de guérison se trouve en nous-mêmes. Nous ne la recevons que si nous nous ouvrons à elle. C'est avant tout notre manque de foi qui nous empêche d'obtenir soulagement et guérison. A Nazareth, Sa ville natale, Jésus ne put guère accomplir de guérisons parce que

les Nazaréens n'avaient pas foi en Lui, leur concitoyen.

Tout est possible à celui qui croit et accomplit les lois divines. La récolte correspond toujours aux semailles.

Si les semailles sont pauvres en pensées positives et confiantes, alors le soulagement et la guérison qui en résultent seront également faibles. Un autre obstacle est le doute. Celui qui doute ne s'oriente pas vers l'intérieur mais vers l'extérieur. Il cherche la guérison dans ce monde.

Bien des personnes hésitent entre croire et ne pas croire parce qu'on ne leur a jamais appris, pas non plus pendant leur enfance, qu'elles sont le temple de l'Esprit saint et que c'est en elles-mêmes que coule la source de toute existence, la source du salut. Ainsi, elles édifient des barrières qui entravent le flux divin. Elles cherchent le soulagement et la guérison à l'extérieur et le plus souvent ne parviennent pas à trouver ce dont l'âme a besoin.

Lorsque nos prières ne sont pas tout de suite exaucées tel que nous le souhaiterions ou bien comme nous en avons déjà fait l'expérience, nous nous laissons alors bien vite décourager. Prenons conscience que nous avons péché pendant longtemps contre les lois saintes et que ce faisant nous avons créé un fossé profond entre la force divine et nos pensées et sensations. L'Esprit saint n'agit pas immédiatement, car il nous faut d'abord surmonter ce qui nous sépare de Lui afin que les courants du salut puissent s'écouler.

De plus, les jours ne se ressemblent pas et nous sommes nous-mêmes différents chaque jour. Toutes sortes de changements dont nous ne sommes pas toujours conscients ont lieu en nous et peuvent également constituer une barrière au flux de la force du salut en nous.

Certes, une prière correcte, une prière profonde est essentielle pour être entendue. Nous ne devrions cependant pas chercher à atteindre ainsi une performance, car prier n'est pas un sport, prier, c'est se confier entièrement à Dieu.

Contribuons à ce que l'ordre se rétablisse en nous, en portant continuellement la pensée de Dieu dans notre cœur et sur nos lèvres, en accomplissant tout avec Dieu et en honorant Son nom saint, Sa loi sainte qui agit en toutes choses ! Beaucoup de nœuds qui se sont éventuellement durcis au cours de longues années de vie sur Terre, voire au cours de nombreuses incarnations, ne peuvent être dénoués qu'en douceur, avec la patience, l'amour et la miséricorde de Dieu.

C'est pourquoi, nous ne devrions pas perdre courage, mais chercher à chaque instant à être proches de Dieu, en renforçant le sentiment intérieur qu'Il *est* proche de nous, dans notre cœur et en tout ce qui existe.

Celui qui compte davantage sur l'aide terrestre que sur l'aide divine devient insensible au courant saint qui guérit. De même, par l'agitation de notre conscient et de notre subconscient, nous faisons également obstacle à la guérison.

Ce qui nous manque bien souvent pour pouvoir obtenir soulagement et guérison, c'est l'amour pour Dieu et notre prochain. Combien de fois nous est-il intérieurement impossible de pardonner ! Nous n'arrivons pas à nous défaire de nos pensées, de nos sensations, de notre méfiance, de l'amertume, de l'envie, de la haine, de notre esprit autoritaire, parce qu'à la suite de déceptions nous avons développé toutes ces faiblesses et que nous ne sommes pas prêts à les déposer.

Nous pensons que c'est notre prochain qui devrait venir vers nous, nous parler, s'excuser. Mais celui qui montre de la grandeur intérieure fait lui-même la démarche, il va vers son prochain et lui parle afin que beaucoup de choses puissent se résoudre. Nous donnons ainsi la possibilité au flux des forces du salut de s'écouler en nous.

En ne voulant pas pardonner, en voulant conserver notre moi et notre susceptibilité froissée, nous nous fermons aux forces du salut. Si nous voulons recevoir la force du salut de l'Esprit de la Vie, nous devons nous défaire de ces barrières que sont la méfiance, l'amertume, la haine, la jalousie et même la susceptibilité froissée. Nous devons remettre tout cela à l'Eternel afin qu'Il le transforme pour que nous devenions réceptifs à la force éternelle.

Nous devons reconnaître et déposer ces chaînes avec lesquelles nous nous sommes nous-mêmes liés et qui nous retiennent à présent prisonniers, en les remettant à l'Eternel pour qu'Il les transforme. Aucun mur extérieur ne peut nous limiter aussi douloureusement que ceux dont nous avons nous-mêmes entouré notre conscience ainsi limitée.

Là où nous créons des barrières en nous en raison de notre manque de liberté intérieure, le courant spirituel ne peut s'écouler avec force. Ces barrières doivent tomber pour que nous puissions recevoir la force éternelle.
Si nous apprenons à devenir tolérants, à nous défaire de notre méfiance, de notre haine, de notre esprit autoritaire, nous parvenons alors à pardonner et à maîtriser nos pensées et nos sentiments. La force de guérison du Médecin et Guérisseur intérieur s'écoule alors en nous et accomplit ce dont les êtres humains ne sont pas capables.

La force intérieure est capable de guérir toute maladie. Pour Dieu, aucune maladie n'est incurable. Celui qui se confie entièrement à la loi éternelle, au Médecin et Guérisseur intérieur, sera bien guidé et pourra recevoir en fonction de son orientation, c'est-à-dire selon sa mise en pratique des lois saintes.

Rien n'est impossible à Dieu. Si nous affirmons la force du salut illimitée de Dieu et, emplis de foi, la laissons agir en nous, le soulagement et la guérison sont toujours possibles. Lorsque nous présentons nos demandes et aspirations à la conscience sainte de Dieu en nous, n'oublions jamais de les accompagner consciemment de ce vœu : « Cependant, que Ta volonté s'accomplisse, ô Seigneur ! »

Chaque fois que nous avons besoin d'aide, Dieu est là, car Il est omniprésent. Prenons conscience de la profondeur de cette affirmation : Dieu est là !

Où que nous soyons, où que nous allions, Dieu est présent. Il ne souhaite qu'une chose, que nous devenions une station réceptrice de Sa vie sainte, car Dieu n'a de cesse d'émettre des forces, les énergies du salut et de la Vie.

Si nous sommes devenus une station réceptrice de ces forces de Vie, alors la force divine du salut, Sa force de grâce, agit constamment en nous. Plus cette station intérieure de réception est importante, plus nous recevons la vie divine. A tout instant, l'Esprit dans notre âme est prêt à donner, oui, à S'offrir Lui-même à nous. Il existe d'innombrables exemples nous montrant que Dieu a révélé Son amour et Sa sagesse. Bien des personnes le savent – elles en ont elles-mêmes fait l'expérience et ont reçu Son aide, Sa force de Son salut.

Nous devrions, nous aussi, devenir consciemment la manifestation de Dieu en nous confiant pleinement à la force universelle, à Dieu, en demandant que Son flux sacré s'écoule en nous et en accomplissant les lois éternelles. Nous ferons alors l'expérience de l'aide divine et serons un avec la source éternelle.

C'est ce que je souhaite de tout cœur à tous mes semblables !

Le Chemin Intérieur menant à la conscience cosmique

Les niveaux de base :

Ordre

Volonté

Sagesse

Rectitude

Le Chemin Intérieur menant à la conscience cosmique est le chemin qui mène à Dieu en nous. C'est le chemin de la liberté, de l'amour pour Dieu et pour le prochain, qui nous permet de retrouver notre origine divine. Il s'adresse à tous ceux qui aspirent à une culture plus élevée et à une humanité pacifique. Par la connaissance de nous-mêmes, nous prenons conscience de nos fautes et faiblesses qui nous empêchent encore de nous rapprocher de Dieu en nous et de vivre en harmonie avec nos prochains et avec la nature. Avec l'aide du Christ qui agit en chacun de nous, nous parvenons à surmonter ces aspects pas à pas, pour retrouver l'unité avec toute existence.

Ce livre comprend un cycle d'enseignement complet révélé par la Sagesse divine.

948 pages (relié) • ISBN 978-3-89201-996-1

Ceci est Ma Parole

L'Evangile de Jésus

La révélation du Christ que connaissent les véritables chrétiens du monde entier

Une œuvre monumentale dans laquelle le Christ Lui-même, par la parole prophétique donnée à travers Gabriele, Sa prophétesse et messagère à notre époque, révèle la vérité sur Sa vie et Sa pensée en Jésus de Nazareth.

Quelques thèmes : Sens et but de la vie sur Terre • Jésus n'a jamais voulu la création d'une institution ecclésiastique • Dieu ne punit pas • La lutte des forces obscures contre le plan de Dieu et contre tous Ses prophètes • Le vrai sens de l'acte de rédemption • Le Sermon sur la Montagne • L'égalité entre l'homme et la femme • Jésus est toujours intervenu en faveur des animaux et de la nature • Jésus a enseigné la loi de cause à effet, la réincarnation, et beaucoup plus encore...

1061 pages (souple) • *ISBN 978-3-89371-370-7*

N'hésitez pas à demander notre catalogue complet ainsi que des extraits gratuits de livres auprès de notre diffuseur en France :

Diffusion des Editions Gabriele
BP 50021 • 13376 Marseille 12 • France
Boutique en ligne : www.editions-gabriele.com

Boutique internationale : www.gabriele-publishing.com

Gabriele-Verlag Das Wort
Max-Braun-Str. 2 • 97828 Marktheidenfeld • Allemagne
www.gabriele-verlag.com